Alle Rechte, insbesondere auf
digitale Vervielfältigung, vorbehalten.
Keine Übernahme des Buchblocks in digitale
Verzeichnisse, keine analoge Kopie
ohne Zustimmung des Verlages.
Das Buchcover darf zur Darstellung des Buches
unter Hinweis auf den Verlag jederzeit frei
verwendet werden.
Eine anderweitige Vervielfältigung des
Coverbildes ist nur mit Zustimmung
der Illustratoren möglich.

Die Illustrationen im Buchblock sind urheberrechtlich
geschützt und dürfen nur mit Zustimmung
der Künstler verwendet werden.

www.net-verlag.de
Erste Auflage 2012
Herausgeber: Verein Lesewelt Pinsdorf
© Coverbild und Illustrationen: siehe Buchende
Covergestaltung: Maria Weise
© net-Verlag, Cobbel
printed in Hungary
ISBN 978-3-942229-89-0

Werte Leserinnen!
Werte Leser!

Das Wort Buch hat vier Buchstaben. Ich will anhand dieser vier Buchstaben die Entstehung dieses Buches beschreiben.

B steht für Beginn. Am Anfang war die Idee zu diesem Buch, dessen geistiger Vater Peter Kaiser ist und dem ich für diese Idee sehr herzlich danken will. Gerade Kinder mit diesem Projekt zu beschäftigen, dies würde auch manchem Erwachsenen gut tun, ist für mich ein genialer Gedanke. Kindern damit die Gelegenheit zu geben, das Andere, Fremde zu beachten, sich damit zu beschäftigen und es auch zu achten ist eine tolle Idee, und ich darf allen danken, die sich für dieses Projekt stark gemacht haben.

Ein besonderer Dank natürlich an die Lebenswelt, ohne deren Hilfe dieses Projekt nicht möglich gewesen wäre.

U steht für Unterstützung, und die ist sehr gut ausgefallen.

Uns haben namhafte Firmen finanziell unterstützt, die auch im Buch angeführt werden, und für mich haben diese Firmen damit bewiesen, wie wichtig auch ihnen die Chancengleichheit für alle ist. Damit wird keine Gleichmacherei betrieben, sondern alle sollen ihre Chance erhalten. Die Unterstützung wurde von Lehrern, Gebärdensprachedolmetschern, Bekannten, Professoren, Bediensteten der Gemeinde und vielen anderen gegeben und auch gerne angenommen. Wollen wir hoffen, dass diese Unterstützung auch auf die Dauer erhalten bleibt und so dem Buch zu einem großen Erfolg verhelfen wird.

U steht aber auch für Unterhaltung, und ich darf allen Lesern gute Unterhaltung mit diesem Buch wünschen.

C steht für Chance, und ich bin überzeugt, dass dieses Buch für viele eine Chance darstellt, etwas über die Probleme einer gehörlosen Welt zu erfahren.

Marie von Ebner-Eschenbach hat gesagt: „Der wahre Zweck eines Buches ist, den Geist hinterrücks zum eigenen Denken zu verleiten." Mit diesen Worten wird dies sehr gut ausgedrückt, und es möge dem Buch gelingen, diesen Zweck möglichst gut zu erreichen. Den Schülerinnen und Schülern, die an diesem Buch gearbeitet haben, ist das schon sehr gut gelungen, und ich hoffe, dass der Einstieg in die Gebärdensprache, den wir mit dem kleinen Kurs an der Volksschule anbieten, auch viele andere auf den Geschmack bringt und ihre Neugierde weckt.

C steht aber auch für Charakter, und ich denke, dass solche Projekte den Charakter der Kinder festigen.

H steht für Humor, und ich bin überzeugt, dass auch der Humor nicht zu kurz kommt.

Die Kinder haben die Fabelwesen selbst entworfen und auch die Umgebung gezeichnet. Sie haben dabei viel Spaß gehabt, und das sieht man dem Buch auch an.

Ing. Dieter Helms
Bürgermeister von Pinsdorf

Die Geschichte, die natürlich auch gut ausgeht, wird alle fesseln, und ein glückliches Ende bringt immer auch gute Laune mit sich und erleichtert einem, neue Gedanken zu fassen.

H steht auch für Happy End, und ich denke, dass die Produktion des Buches auch das Happy End dieses Projektes darstellt, an dem so viele mitgearbeitet haben und denen ich allen von Herzen danke.

Viel Lust beim Lesen dieses Buches!

Die Österreichische Gebärdensprache (ÖGS)

ÖGS ist die Abkürzung für Österreichische Gebärdensprache. Seit dem 1. September 2005 ist die ÖGS in der österreichischen Verfassung in Artikel 8, Abs. 3 anerkannt.

Es gibt Gebärdensprachen in verschiedenen Ländern, z.B. DGS - Deutsche Gebärdensprache, DSGS - Deutschschweizer Gebärdensprache usw.

Gebärdensprachen weisen eine eigene Struktur auf und sind vollwertige und eigenständige Sprachen. Sie sind sehr wichtig für Gehörlose, weil sie damit alles ausdrücken können - so wie hörende Menschen, die in der Lautsprache sprechen. In Gebärdensprachen werden Hände, Arme, Kopf, Oberkörper, Gesichtsausdruck/Mimik, Mundbild, Mundgestik, Gestik und Blick benutzt. Jede Gebärde besteht aus vier manuellen Komponenten: der Handform, der Handstellung, der Ausführungsstelle und der Bewegung.

Viele Gehörlose haben die ÖGS als Muttersprache, und Deutsch ist für sie wie eine Fremdsprache. Die ÖGS hat ihre eigene Grammatik. Der Satzbau der ÖGS besteht aus Objekt - Subjekt - Prädikat.

Das Fingeralphabet wird sehr selten benützt. Wenn, dann nur für Namen von Personen, Eigennamen, Städte, Fremdwörter, Titel von Filmen, Büchern, ... wenn diese keine offizielle Gebärde haben. Dann einigt man sich auf eine Gebärde dafür und verwendet diese.

Gebärden schreibt man grundsätzlich in Blockschrift.
Die Namensgebärde ist eine eigene Gebärde. Sie kann aus dem Vor-, Familien- und/oder Eigennamen abgeleitet werden oder steht in Zusammenhang mit besonderen Merkmalen, Angewohnheiten oder Auffälligkeiten der jeweiligen Person.

z.B.

LEA   FLO

Lea hat ein Muttermal auf der linken Wange und tippt (gebärdet) mit dem Zeigefinger dreimal darauf (L-E-A).
Florian (alle sagen „FLO") hat zerzauste Haare und gebärdet mit der ganzen Hand darüber.

„Spezialgebärden" werden mit einer einzigen Gebärde gezeigt und klein geschrieben, diese können nicht mit einem einzigen deutschen Begriff übersetzt werden.

<u>Zum Projekt Lesewelt Pinsdorf</u>   Pinsdorf, im Oktober 2012

Durch die räumliche Nähe der Lebenswelt Pinsdorf (eine Einrichtung des „Konventhospital der Barmherzigen Brüder Linz" für gehörlose und taubblinde Menschen mit zusätzlichen Beeinträchtigungen) zur Volksschule Pinsdorf war es naheliegend, Kontakt in Form von gemeinsamen Feiern und Aktivitäten zu knüpfen.

Das Vorhaben der Gemeinde Pinsdorf und des Elternvereins der Volksschule, durch die Finanzierung von Gebärdensprachkursen an der Volksschule Pinsdorf die Inklusion von Gehörlosen im Ort zu ermöglichen, wurde schließlich mit dem Projekt Lesewelt Pinsdorf verwirklicht.
Aufgrund der Ausschreibung des österreichweiten Leseprojektwettbewerbs „PHILIPP. Der Lese-Award 2012" durch den Buchklub der Jugend wurde die Idee geboren, gemeinsam ein Bilderbuch in Schrift- und Gebärdensprache zu gestalten, indem ein hörendes und ein gehörloses Fantasiewesen ein packendes Abenteuer erleben. Ein spannender Gestaltungsprozess wurde in Gang gesetzt, bei dem bewusst auf einen Gebärdendolmetscher verzichtet wurde.

Da das Bilderbuch durch die Zusammenarbeit von Kindern mit Gehörlosen entstand und noch dazu in Schrift- und Gebärdensprache erscheint, dürfte es sich hiermit weltweit um ein einzigartiges Projekt handeln.

Als Herausgeber fungiert der Verein Lesewelt Pinsdorf, dessen Ziele die Förderung von Lesekompetenz, die Unterstützung von Leseprojekten und die Inklusion von gehörlosen Menschen mit Beeinträchtigung in Pinsdorf sind. Zahlreiche regionale Sponsoren unterstützen dieses Vorhaben – vielen Dank!

Die nun erfolgte Nominierung für „PHILIPP. Der Lese-Award 2012" als eines der drei besten Leseprojekte Österreichs im außerschulischen Bereich bestärkt uns in unserem Vorhaben. Somit steht einer Kooperation der Volksschule Pinsdorf mit der Lebenswelt Pinsdorf in Form von weiteren gemeinsamen Projekten und einer Fortsetzung unseres Buches nichts mehr im Wege!

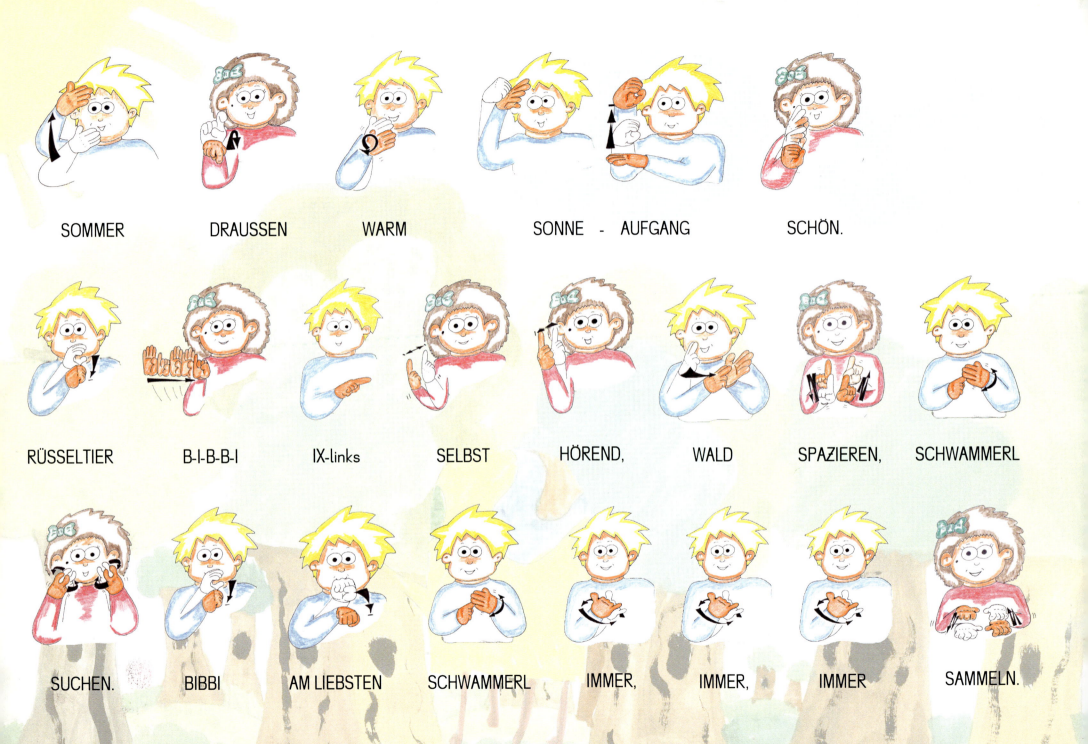

An einem schönen Sommermorgen ging das Rüsseltier Bibbi in den Wald, um Schwammerl zu suchen. Bibbi war ganz verrückt nach Pilzen und konnte nie genug davon bekommen.

Das hungrige Rüsseltier hatte schon einige Schwammerl verzehrt, da bemerkte es plötzlich jemanden in seiner Nähe. Bibbi grüßte höflich, doch er bekam keine Antwort. Er ärgerte sich und sagte nochmals laut und deutlich: „Guten Morgen!" Doch der für ihn Fremde reagierte nicht. Bibbi wurde die Sache schön langsam aber sicher unheimlich.

Da deutete ihm das Wesen mit seinen Pfoten und verbeugte sich. Bibbi dachte scharf nach, und plötzlich verstand er, warum der Unbekannte ihn erst so spät grüßte. Das Tier hörte ihn nicht, es war taub!

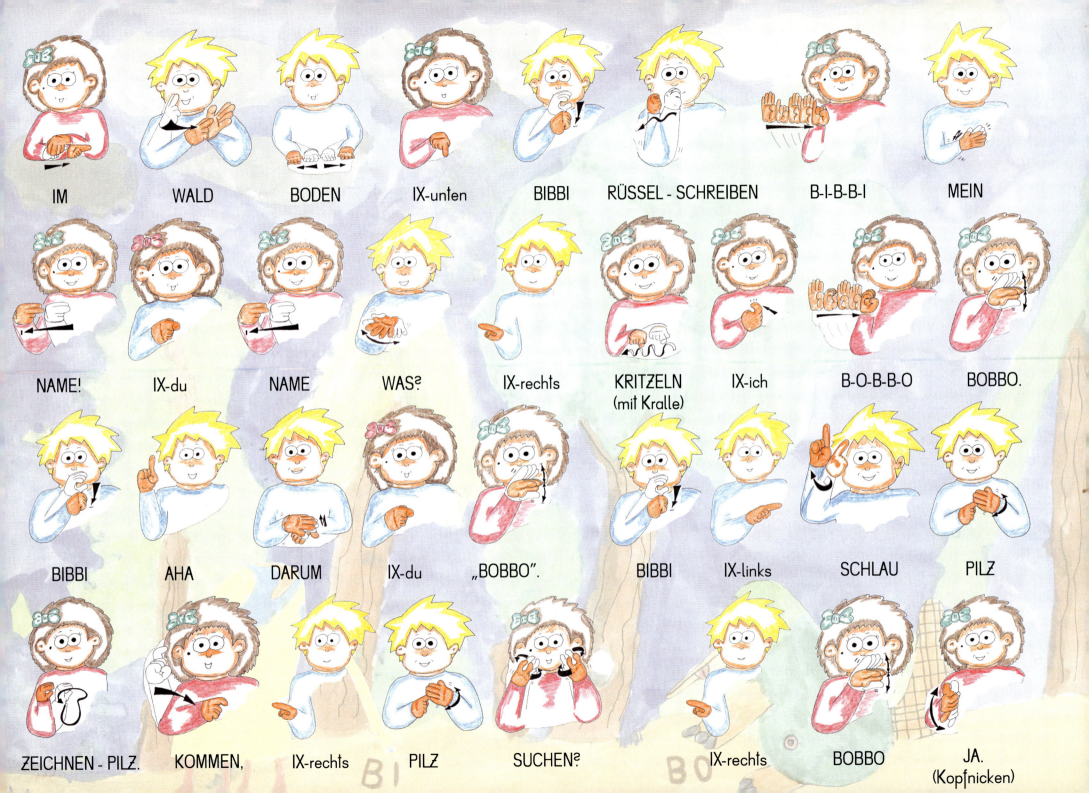

Jetzt schrieb Bibbi mit seinem Rüssel in den Waldboden: „Ich heiße Bibbi!" Das Wesen kritzelte mit seinen Pfoten „Bobbo" in die Erde. Bibbi verstand und sagte: „Du heißt also Bobbo!" Das schlaue Rüsseltier zeichnete einen Pilz auf den Boden und fragte: „Gehen wir gemeinsam Schwammerlsuchen?" Bobbo kapierte und nickte mit dem Kopf.

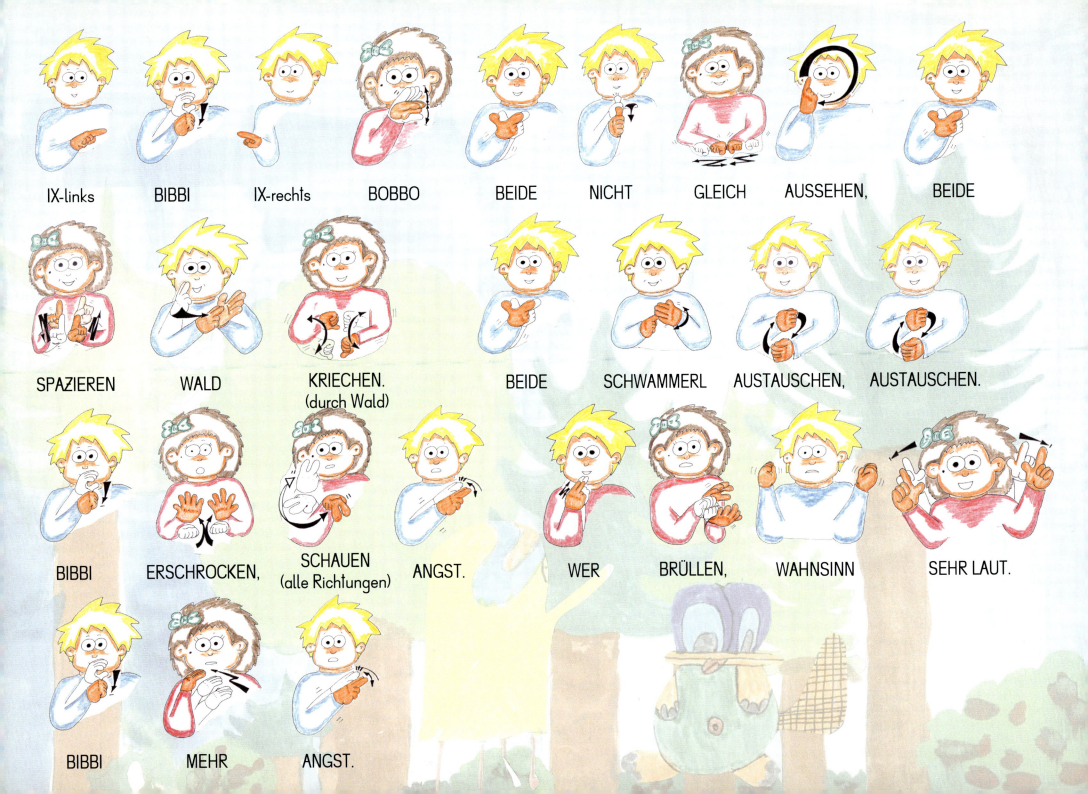

Die beiden ungleichen Tiere gingen gemeinsam tiefer in den Wald und teilten freundschaftlich ihre Schwammerlausbeute. Doch was war das? Bibbi zuckte erschrocken zusammen und schaute ängstlich in alle Richtungen. Ein fürchterliches Brüllen hallte durch den Wald, und das Rüsseltier fürchtete sich sehr.

Bobbo nahm von dem Ganzen nichts wahr und bückte sich gerade nach einem Prachtexemplar von einem Steinpilz. Plötzlich stand vor ihnen ein furchterregendes Wesen und brüllte so laut, dass Bibbi am liebsten die Flucht ergriffen hätte. Als Bobbo sich aufrichtete, stand das riesige Tier direkt vor ihm.

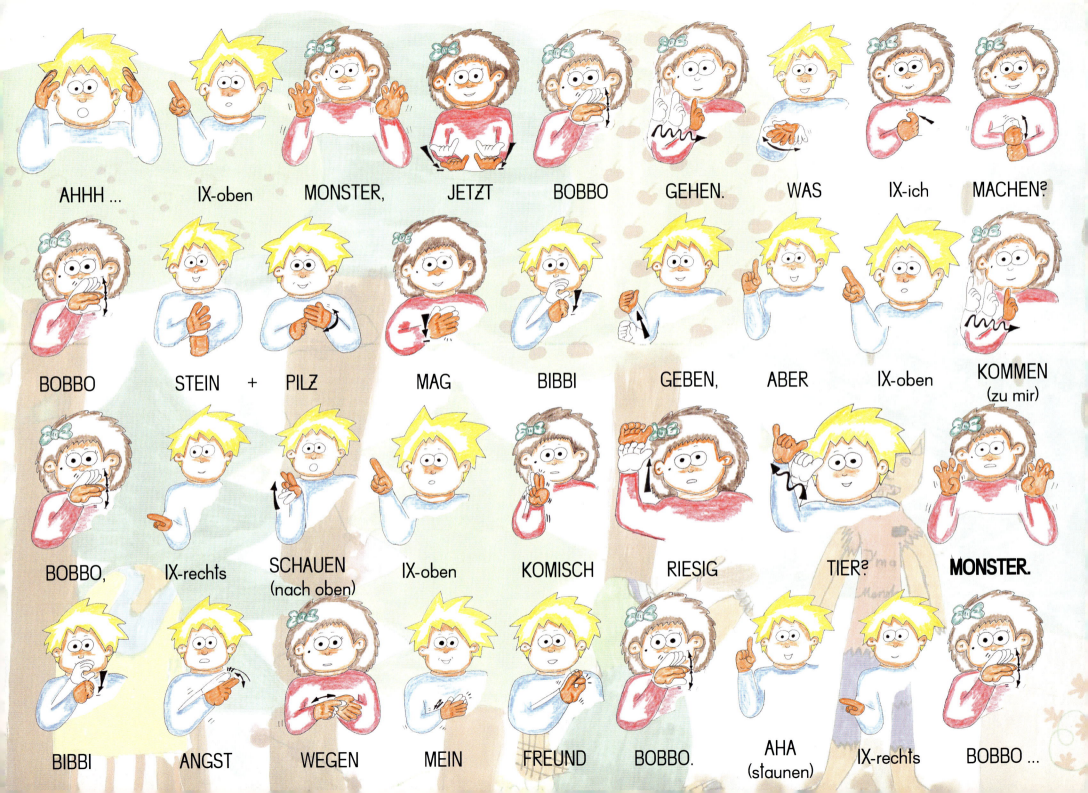

Bibbi zitterte um seinen neuen Freund und stand Riesenängste aus. Doch Bobbo fürchtete sich nicht und streckte dem Ungetüm den frischen Steinpilz hin. Das fremde Wesen verstummte plötzlich und starrte Bobbo mit seinen riesigen roten, furchteinflößenden Augen an.

„Um Himmels willen!", dachte Bibbi. „Gleich wird mein Freund Bobbo mit Haut und Haaren gefressen!"

Doch da geschah das Unerwartete. Das Ungetüm nahm den Steinpilz ganz behutsam an und schluchzte: „Noch nie hat mir jemand was geschenkt, vielen, vielen Dank für diesen wunderschönen Pilz! Alle Tiere fürchten mich, da ich so riesig bin und laufen vor mir davon. So bin ich immer allein und habe keine Freunde."

Das Riesentier fing wieder vor lauter Einsamkeit zu brüllen an, so dass die Bäume wackelten. Jetzt verstand Bibbi und meinte zu dem traurigen Ungetüm: „Ich bin Bibbi, das Rüsseltier, und dieses mutige Tier da ist mein gehörloser Freund Bobbo. Wir wollen gerne deine Freunde sein. Kommst du mit zum Schwammerlsuchen?"

Das Ungetüm schaute verdutzt und lächelte plötzlich. Es wischte sich die Tränen aus dem Gesicht und meinte: „Gerne, ihr macht mir eine Riesenfreude! Ich bin übrigens Bibbo, und ich liebe Pilze über alles!"

Dann lud Bibbo die zwei Tiere zu sich in seine Höhle ein.

Dort kochten sie sich gemeinsam ein köstliches Schwammerlgulasch.

So geschah es, dass die drei ungleichen Tiere Freundschaft schlossen und seither gemeinsam im Wald leben. Und wer weiß, vielleicht triffst du sie ja einmal beim Schwammerlsuchen ...

Die am Projekt beteiligten Personen der Volksschule und der Lebenswelt Pinsdorf stellen sich vor!

Peter Kaiser wurde 1965 in Linz geboren und lebt mit seiner Familie im Almtal. Er ist Sonderschullehrer bzw. Volksschullehrer in Ausbildung und arbeitet derzeit als Klassenlehrer der 3a an der Volksschule Pinsdorf.

Projektumsetzung mit der 4b im Schuljahr 2011/12.

Überarbeitung und Fertigstellung der Geschichte.

Idee und Leitung des Projekts Lesewelt Pinsdorf.

Pamela Maringer wurde 1984 in Vöcklabruck geboren und ist gehörlos. Sie ist ausgebildete Dipl. Pädagogin für visuelle und alternative Kommunikation und arbeitet in der Lebenswelt Pinsdorf.

Betreuung und Unterstützung der Kunden der Lebenswelt, Gebärdengrammatik und Übersetzung.

Miron Muslic	Merima Dudakovic	Michael Draxler	Thomas Aichberger	Lena Hattinger	Peter Schauer
Schulassistent	Kundin der Lebenswelt	Kunde der Lebenswelt	Kunde der Lebenswelt	Zeichnerin von Bobbo	Zeichner von Bibbi

Does every job!   Geschichtenentwicklung und künstlerische Hintergrundgestaltung

Lukas Rastinger	Rene Berchtaler	Benjamin Albecker	Stefanie Kemptner	Viktoria Sestili	Alissa Müller	Lucas Schiffbänker

Zeichner von Bibbo, dem Monster   Unser Mann am PC   Geschichtenentwicklung und künstlerische Hintergrundgestaltung

Sarah Hitzl	Melissa Balic	Lisa Stundner	Marcela Hackl	Nikolina Batarilovic	Elisabeth Loderbauer	Florian Eder

Geschichtenentwicklung und künstlerische Hindergrundgestaltung

Peter Langer „peDeaf"
Dipl. Pädagoge für visuelle und alternative Kommunikation;
Akademischer Lehrer für die Österreichische Gebärdensprache (ÖGS);
Zeichner der Gebärdenbilder, pädagogischer Grafiker für das Bildungszentrum der Gebärdensprachgemeinschaft Oberösterreich;
Betreuer in der Lebenswelt Schenkenfelden;
Hobbys: Reisen und Fotografie;
Peter selbst ist gehörlos.

Roland Hierzer
Dipl. Sozialbetreuer Behindertenbegleitung, Leiter der „Lebenswelt Pinsdorf";
Vater von 3 Kindern und mittlerweile Opa von 3 Enkelkindern;
Unterstützung bei der Organisation des Projekts und der Vereinsgründung „Lesewelt Pinsdorf".

Barbara Schöffer
Sie unterstützte bei der Gebärdensprachgrammatik, sie ist Gebärdensprachtrainerin; gibt Gebärdensprachkurse in der zweiten, dritten und vierten Klasse der Volksschule Pinsdorf, Betreuerin in der Lebenswelt Pinsdorf;
Mutter von 3 Kindern, sie selbst ist gehörlos.

Weitere Helferinnen: Lidwina Strauß und Hildegard Grobbauer
Unterstützung bei der Gebärdensprachgrammatik